Library of
Davidson College

letras mexicanas

117

REINCIDENCIAS

Reincidencias

POR
CARLOS PELLICER

letras mexicanas

FONDO DE CULTURA ECONÓMICA

Primera edición, 1978

D. R. © 1978 Fondo de Cultura Económica
Av. de la Universidad 975, México 12, D. F.

ISBN 968-16-0183-1

Impreso en México

Advertencia

ESTE volumen, un proyecto que la muerte de Carlos Pellicer interrumpió, aparece ahora gracias a su sobrino Carlos Pellicer López. Se trata, pues, más que de un libro que el poeta hubiera completado y definido, de una valiosa constancia poética de los últimos años de su vida. Aunque sabemos que pensaba llamarlo *Reincidencias*, desconocemos el orden que debían seguir estos poemas. Si bien en los textos que guardaba Pellicer eran claras ciertas líneas generales de organización —que se han respetado— había, también, un buen número de poemas dispersos en revistas, y otros más, incluso sin mecanografiar, que hemos procurado incluir en las secciones correspondientes trazadas por el propio Pellicer. Más que a la intención de una labor completa de rastreo, estas páginas responden a una voluntad de recoger, en un volumen accesible, la obra de la última parte de la vida de Carlos Pellicer que permanecía dispersa o inédita.

UNO

El campo y yo estábamos ya listos
para que tú y yo
pusiéramos la mano en una flor cualquiera.
Cada cosa en su sitio, sin nosotros,
equivale al desorden.
Va a terminar la tarde y nada tiene
ya que esperar el día.
Comienzan a cerrarse las ventanas
y los pasos resuenan ya sin nadie.
El espejo está fuera de la vida
y los muebles, vacíos,
comienzan a salir. Por las paredes
el tacto de la noche va pasando.
No tengo nada que decir. Regresan
las pálidas palabras:
Vuelvo a ti, soledad, agua vacía,
agua de mis imágenes, tan muerta;
nube de mis palabras, tan desierta,
sombra de la implacable poesía.

                          Las Lomas,
                          junio de 1967.

MAÑANA el campo y tú serán conmigo
igual que una ventana sobre un lago.
Estaremos a solas y la vida silvestre a nuestro lado.

Natural como el tiempo, tu hermosura
así, florecerá sin que se vea.
Las flores en secreto se dirán
cosas que para ti son conocidas.

Habrá momentos en que el colibrí,
que en estos días coincide con mieles,
rozará tu mejilla
con la seguridad de que tú eres.

Mañana el campo con nosotros dos.
El árbol de la vida
dorará las penumbras del follaje
y sorprendido por mi nueva herida
le cerrarás los ojos al paisaje.

Las Lomas,
junio de 1967.

Si sólo de tus ojos yo tomara
la actitud para ver, sólo a ti viera.
Si yo a tu corazón pudiera entrar,
saldría bien poblado de luceros.

Hay en tu corazón cielo de noche,
lo dicen alto tus ojos; yo lo veo.
Y paseo el destino de mis ojos
sobre el jardín de toda tu persona.

Horas de Junio pensando en tus ojos,
en tu sangre tan bella.
El medio día
y su inmenso estandarte
se inclinan para ti. La poesía
calla, sólo en ti su lluvia cae.

                            Las Lomas,
                            junio de 1967.

Líneas para un retrato y sus consecuencias

CUÁNTO cielo en tus ojos.
Todo el aire se llena para ti. Todo el día
trabaja para ti.
Hermoso ver el mundo desde el cielo
tan lleno de silencio de tus ojos.
Estás en tu esbeltez y a toda línea
tu cuerpo mide el canto.
En las penumbras de tu voz decaen
sonrisas como luces olvidadas.
Te alojas en la nube
en que hace el viaje toda adolescencia.
Tu timidez y tu belleza
promueven la esperanza a todos lados.
Vuelvo a tus ojos y en ellos te dejo
este apunte a lápiz que no dice nada.

                                Las Lomas,
                                junio de 1967.

Toda la luz en un instante largo,
y esta otra tarde, se va.
El recuerdo se asoma a una mirada
y me acomodo en mi nuevo desastre.
Ya sin el pésame de todas las sombras.

Está perdiendo peso la arboleda.
Lo presente se ausenta.
Y en este tiempo en ruinas
queda el instante largo
como puñal pequeño desangrado en la noche.

Las Lomas,
junio de 1967.

Estoy como una fiesta a la que aún
no llega el festejado y en la que alguien,
como nadie, le espera.

Junio está en la mañana como el joven
que mira al sol en un relieve de Palenque.
Toda la desnudez de la mañana
se desborda en el aire. Nadie canta
para escuchar lo verde entre las luces.
Altera el pulso de la luz la enorme
llegada de las nubes. Mi memoria
nada recuerda así. Todo inaugura
la sensación de un nuevo centro de las cosas.
¿Y si tú no llegaras y el tiempo y el espacio
modificaran movimiento y área?

Por el aire ondulante de la duda
cayó la piedra de la mala idea.
Junio, jardín de Junio, yo no quise
sino sólo una voz de su ternura.

Las Lomas,
junio de 1967.

Se fue la tarde llevándose al día.
Y en el encendido lugar de tus ojos
la luz funda un imperio de alegría.

Es la noche que aclara tantas cosas
sin atreverse a hablar. Sola es un dúo
que esconde los diamantes a las rosas.

Tu mano entre la mía nada indica
de cuando te despides a mi puerta.
Como un pequeño antílope
pasa ese instante que casi no sea.

Junio está en el camino de tus ojos
y yo siento en la yema de mis dedos
la de los tuyos como algo muy poco.

Me dices algo más y todo es bueno.

Las Lomas,
junio de 1967.

Tres poemas y otros

1

DEL silencio no quedaba
sino un pequeño hueso transparente.
La huella de una mano en la puerta
y el viento desheredando muy famosos papeles.
Yo busco entre mis ojos los ojos de aquel rostro
que me vio cual si viera una casa caída.
Frutos de luz en una esquina,
en lo más navegable de mi vida.

Si se pudiera no agregar palabra:
estar en las miradas de la espuma.

2

Estaba el viento sentado en una piedra
cansado de ser invisible.
La luz apuñaleada del medio día
quedó tirada en la hoguera de mis ojos.

Todo era inútil y maravilloso.
La ventana, destruida,
dejó salir mi ausencia,
y en la perforación de los viajes antiguos
se me quedó mirando lo que fui,
lo que yo era.

3

Nada más que yo tenga
tiempo para mentir, haré la escala
inolvidable en tus ojos.
Yo quisiera decir con labios rojos
tu nombre a cada poro deste instante.
Y estoy ya tan al fondo de la vida,
que ni por razones primaverales
me volvería a vertir de nuevo.
Quiero pasar frente a tus ojos
—es natural—, sin que me veas.

4

Del árbol junto al río
tomo el ejemplo: vienen por la tarde
a sus ramas los pájaros.

5

Una herida olvidada
va siendo ya mi vida.
Hay un enorme girasol en medio
de un prado silencioso de violetas.
La integración —para la que nací—
se mira indeclinable. Vivo apenas
para enseñarme a no morir sin vida.

6

La mañana está fresca
como esta llama
que sale de mis ojos
para mirarla.

Un silencio de pájaros ausentes
predomina
y con el cielo metido en mis ojos,
la mañana me mira.

7

Alegrémonos en nuestra sangre
de ser un poco el árbol de la Vida.
Se mira sin deseos, con la sola
mirada de mirar sin ser mirado.

Nadie me ve que estoy mirando.
Y siento que mi sangre
es la sangre del mundo que es mi sangre.

Lomas de Chapultepec,
20 de febrero de 1967.

Como una espada rota

A H. G.

Diosa de la Noche,
instante
de una estatua de arena.
Todo muere en el mismo momento,
todo vive para siempre.
Detén a todo cielo
esta alegría de ignorarlo todo.
Este —por fin— hablar siempre de nada,
esta promesa rota en cada luz que nace,
tanta ternura inútil para cada mirada.
Mucho de mí quisiera morir en esta noche
en que nada se olvida,
en que todo me empuña
como una espada rota,
derrotado, perdido,
sin ojos y sin lengua.
Llévate este silencio que no me deja oírme,
llévate los diamantes que no me dejan verte.

Búscame a solas,
sin un solo recuerdo y en un bosque de olvido.
Diosa de la Noche.
Instante
de una estatua de arena.

> Las Lomas,
> mayo 21 de 1967.

En esta tarde cuando yo te esperaba
—por vez primera—
para verme a solas en tus ojos
y para escucharte en silencio.
¿Quién puede olvidar tus ojos?
Sólo la noche es más bella que tu mirada.
Pero la luz en la noche de tus ojos
tiene ansiedad de instantes anteriores al alba.

Esta tarde en que desde ayer sé que no vendrías
es como un templo vacío,
como una mano sin dedos,
como un grito que nadie oye
en esta ya lejana tarde de estío.

Yo te esperaba con la heroica cortesía
de quien no puede esperar de ti
nada que no sea intrascendente.
Tú habrías sido por algunos minutos
el adorno más bello y frágil de mi soledad.
Nuestro saludo pudo tener la alegría
de un antiguo lago que ve nacer la aurora.

Y aquí me tienes, mirándome sin ojos
y oculto en las palabras que mueven estas cosas.

Viernes 7 de julio de 1967.

Pequeña música escondida

Los verdaderos ángeles
no tienen alas.
El viento está en la cumbre
de la mañana.
Por encender las flores
de una mirada
perdí las alas
y pude seguir a un ángel
escondido en la flor de una palabra.
Qué asonantes tan limpias
hallé en la estancia
cuando me dijo a ciegas:
"¿Tú dónde estabas?"
Yo miré que en sus labios nacían las luces
de unas flores caídas al agua.
Yo aligeré la brisa
como para empezar una danza.
El tiempo estaba desnudo
y todo era tan real que no había nada.
Era que, por fin, el amor sonreía

desde la herida fresca de una manzana.
El ángel parecía junto a mí
como una noche profundamente despertada.
Y escuché que detrás de las nubes pasaban diciendo
que los verdaderos ángeles
no tienen alas.

18 de agosto de 1969.

Una pequeña música escondida
en los labios de un ángel.
La ventana ocupada
con la imposibilidad de tener árboles.
Mire Ud., oiga Ud., toque Ud.,
es el aire
que fluctúa en la yema de los dedos
porque nuestra vida
pudiera ser tocada por un ángel
nacido de una mirada
que anduvo por mi casa
como nada y como nadie.
Un ángel sin alas
que tiene mi corazón en sus manos
y lo hiere, ocultamente, como un ángel.

Por la ventana
hay movimientos que pueden ser de la tarde.
Con los ojos cerrados veo luz en mis manos
y siento amontonadas mis soledades,
como muertas
sin derramamiento de sangre.
Cerca de mí están oscureciéndose las alas

que fueron de un ángel
que empieza a estar junto a mí como si nada
porque así es todo cuando uno se distrae.
Con cuánta luz he visto
que no tienen alas los verdaderos ángeles.

       18 de agosto de 1969.

Una flor amarilla
que tus manos cortaron al otoño,
trae la luz tardía
suavemente benéfica
que pones en mi vida sin saberlo.
Mirándote llegar, resplandeciente,
hoy sin los ojos tristes,
tus ojos con rocío que no cae,
tu mirada florida
hoy como nunca;
tu voz hecha en el agua de una tarde desnuda,
y entre las palabras de la bienvenida,
tus manos y las mías
diciendo silenciosas,
unidas, muy unidas,
lo que a veces con palabras no se dice.
Vienes en compañía,
y la conversación como siempre me protege
para que nadie note lo que dentro de mí
tan saludablemente me desangra.
Yo traigo el vaso lleno de agua
donde dejo la flor que tú has traído.

A veces una pausa
me deja a solas contigo en medio a todo,
y la flor amarilla,
que vivirá en la vida y en la muerte,
sonríe tan azul
que en el vuelo del día
anuncia un no sé qué de vida inmensa.

                        Lomas de Chapultepec,
                        25 de octubre de 1969.

En este asunto del amor, que a veces,
uno quisiera
que no acabara nunca de empezar,
parece que alguien dice:
"¿Dios es eternamente joven?"
Es tanta la alegría, que uno ignora
catástrofes y duelos,
Ud. dice que sí a toda
la enorme y tan humana tontería;
sólo hay un pensamiento,
sólo una idea sola
que es multitud, y uno quisiera
leerlo todo con los ojos cerrados
y no tener noticias de uno mismo,
ni recuerdos de nada ni de nadie;
un ágape de luces
a través de las horas inmortales.
Yo había puesto
encima de mi pecho,
un pequeño letrero que decía:
"cerrado por demolición".
Y aquí me tiene Ud. pintando las paredes,
abriendo las ventanas,

adornando la mesa con la flor amarilla
con que paga el otoño sus encantos.
Nadie te dijo, amor, que yo existía.
El amor es silvestre,
uno lo encuentra en todas partes,
en los días sin cielo,
en las tierras sin flores,
lo mismo en la mañana que en la tarde.

      Lomas de Chapultepec,
      25 de octubre de 1969.

Sin darme cuenta, pero sí he llorado.
Es como cuando llueve y no se oye.
Pero el agua ha caído,
pero rodó una lágrima sin que nadie viera.

¿Por qué lloré si tú
nada sabes de mí?

Escuchábamos música.
La sala estaba llena.
Tú no estabas muy cerca de mí.

¿Por qué te quiero tanto?
Tú no sabes por qué te quiero tanto.

No tengo prisa de que tú me quieras,
bueno, por el momento, porque así...

Cuando nos encontramos,
nace otra rosa junto con su espina.
Pero es la rosa la que más se ve.

Te veré en estos días; no sé cuando.

Y me siento feliz de haber llorado

así como cuando llueve y no se oye.

> Las Lomas,
> 27 de octubre de 1969.

Soplo nuevo

Hay algo más en el jardín, disuelto
bajo el imperativo de tu nombre.

Nunca he visto en la luz sombra tan bella,
ni en todo el mármol de una noche antigua.

Cuerpo a tu desnudez doy al camino
que no encuentro hacia ti.

El tiempo me tiene las manos destruidas
para hacer del galope de mi sangre
un homenaje a ti.

Eres lo junto al agua que amanece
puntual a la belleza.

Tengo al otoño por hermoso testigo
de que te necesitan mis potencias
y que al tocar tu cuerpo tocaría
cielos terrestres a todo lenguaje.

En estos cualquier día
voy a cerrar mis labios al silencio,
y sin que tú lo veas arderán nuestras vidas
dándole a la ceniza un soplo nuevo.

Mi vida está en tu vida
como la llama al viento.

Lomas de Chapultepec,
23 de enero de 1971.

MIRÁNDOTE en mis ojos
con la ternura que mi carne puede,
destruyo el tiempo y me encarezco intacto
y salgo a la ventana
como si fuera por primera vez.

Cuánto cielo y cuánto horizonte;
qué poder en las cosas;
qué esperanza tan blanca;
qué líquido el metal de la experiencia;
qué timbre en las cantantes arboledas;
qué soledad en todo lo pasado.

Si fueras tú lo que al pasar se queda,
si me escucharas sin oírme hablar
si todo lo que tengo
te pareciera lo mejor; si el mundo
nos recibiera lleno de rocío.

Estoy con el diamante
de ti en la palma de la mano;
no me quiero mover dese momento,
ni esconderme de mí de tanto encanto.

Lomas de Chapultepec,
24 de enero de 1971.

Quiero verte en la sombra para que me ilumines.
Quiero manzanas de ocio para ponerme a trabajar.
Nunca te he buscado; siempre te he encontrado.
Te hablé siempre de lejos, como a la tierra el mar.

Cuando pienso en ti
soy todo amor a tu intocable persona.
A todo digo no, equivalente a sí.
En verdad de verdad, vivo huyendo de la aurora.
Mi amor a ti, siempre fugaz,
me obliga a vivir.

¿Qué hacer con tanta sangre que derramó sobre
  mí mismo?
¿Para qué tanto sol si mis ojos no ven?
Soy el árbol a solas; pero llegan los pájaros.
Pierdo el tiempo en la noche
y a toda pregunta hermosa, digo: no sé.

Esta noche es tan noche que no se ven estrellas.
La hélice del día suena lejos.
Inclino al sueño la tangente oscura
y abro la puerta al vacío que tengo.

Con los ojos cerrados, veo.
Señor, tú me estás viendo.

                Las Lomas,
                15 de octubre de 1971.

EL ROCE de tus piernas en las mías,
nuestras bocas mordiéndonos el cuello,
la sed jaguar en nuestras dos malezas,
el tacto universal de nuestro cuerpo.

El tiempo que abandona sus orillas
va en la sangre animal tan dulcemente,
que amarse un largo instante es robo al tiempo,
es salir de la luz a sombras frescas.

La vida está sentada a nuestro lado
y nos ve sin mirarnos.
El tiempo que está afuera se condensa
tan lejos de nosotros,
que todo lo que pasa se establece
en la caricia inacabable, nuestra.

Noche en tu cuerpo, en nuestro cuerpo. Día
con la sombra en el aire necesaria.
Es el amor calladamente hablando,
la riqueza adquirida con nosotros.

Dejemos la ventana
ni cerrada ni abierta.

> Villahermosa,
> noviembre de 1971.

En una de esas tardes
sin más pintura que la de mis ojos,
te desnudé
y el viaje de mis manos y mis labios
llenó todo tu cuerpo de rocío.

Aquel mundo amanecido por la tarde,
con tantos episodios sin historias,
fue silenciosamente abanderado
y seguido por pueblos de ansiedades.

Entre tu ombligo y sus alrededores
sonreían los ojos de mis labios
y tu cadera,
esfera en dos mitades,
alegró los momentos de agonía
en que mi vida huyó para tu vida.

Estamos tan presentes,
que el pasado no cuenta sin ser visto.
No somos lo escondido;
en el torrente de la vida estamos.

Tu cuerpo es lo desnudo que hay en mí:
toda el agua que va rumbo a tus cántaros.
Tu nombre, tu alegría...
Nadie lo sabe;
ni tú misma a solas.

> Villahermosa,
> noviembre de 1971.

Dicha anónima

Nos entregamos a la misma tierra
humedecida por nosotros mismos.
Es la materia espiritual que encuentra
toda la libertad de su diamante.

Somos parte del cuerpo que nos da
sus plantas caminantes y sus cielos,
el lago en que se mira nuestra sombra
y la riqueza de la soledad.

Vendrás mañana y nos encontraremos
con voces nunca oídas,
con las señales permanentes
de nuestro amor al mundo de nosotros.

Ni una sola palabra nos dijimos;
creció la planta sin espinas.
Una flor invisible está en nosotros.
Es nuestro el cielo-tierra.

Somos la misma tierra iluminada
con la intención de nuestra propia tierra.
Perdimos nuestros nombres
en una dicha anónima.

Villahermosa,
noviembre de 1971.

CUÉNTAME tu sueño
antes que el día lo destruya todo.
Dime que el día en que nos conocimos
tuvo la noche más hermosa.
Estoy contándome tu sueño
sin saber del tiempo.
Límite de las luces de la noche,
lo encendido en la sombra no se apaga.
Lo que se dice con los ojos
la noche solamente lo descifra.
Yo te cuento mi sueño sin decírtelo,
lejos de ti, mirándote.

        Agosto de 1973.

Era tanta la luz, la de tus ojos,
que todo lo que veía
se medio desvanecía
en recuerdos de mármoles despojos.

Cuando la desnudez le sonreía
las líneas de su cuerpo destruían
toda la soledad de la belleza.
Yo la enseñé a morir entre mis brazos.

Nunca supimos cuándo fue de noche
ni cuándo fue de día.
Una ventana
que hizo a veces de puerta
para el sol y la luna estuvo muerta.

Cuando nuestros sexos llenaron nuestra boca,
éramos polvo en suspensión
y también éramos.
La luz trataba de identificarnos
pero nosotros nunca concedimos.

Hoy nuestras vidas están de perfil
y ya no nos miramos con los ojos.

Si yo quisiera más recordar
no podría volver a ver el Sol.

La vida sólo a veces tiene vida.

      17 de febrero de 1976.

Esto soy

Nací de olmecas y mayas
y gente española de la montaña y el mar.
Por eso
las cosas saben más de mí
que yo de ellas.
Mi abuela materna
era de sangre indígena.
Mi bisabuelo paterno era peruano.
Soy más agua que tierra
y más fuego que cielo.
Navega en mi sangre
lo más antiguo de México.
Y por el puente de Quetzalcóatl
llegué al taller divino de Jesucristo.
Cristo es Dios; lo demás
es solamente interesante.
Amo más el agua que la tierra
porque ella duplica el cielo.
El viento es mi jirón elemental
y el fuego está en mí

como en el centro de la Tierra.
Gracias a la noche
puedo llevar la cuenta de los días.
He crecido como un árbol
para necesidad de los pájaros.
El jaguar y la serpiente me conocen.
En la piel de uno
el jeroglífico del otro
inscribo. La iguana y yo somos hermanos verdes.
Hay algo en mí de lo que no hablaré
sino hasta el día en que mi corazón enmudezca.
El día en que esto
sea aquello.
El juego saludable
del cielo y la tierra.
Pero pasando
a lo deliciosamente transitorio,
declaro que vivo en mí
para todo y para todos.
El odio animal
se echa a los pies de la Poesía
y descansa un momento
oyendo invisibles coros.

¡Ay de nosotros
si no fuera por la Poesía!
Aunque la realidad, magnífica y sola,
está solamente en Cristo.
Es el Amor
que ha creado el amor.
Yo soy el mendigo de todas las cosas
enriquecido por el Amor.
Flor y canto.
Bolívar
es la montaña de mis ascensiones,
para ver el mundo.
En mi corazón,
está alegremente escondido
Francisco de Asís.
Cuauhtémoc,
enorme diamante sin lágrimas,
que todo lo vio.
Me destrozo y me reintegro con él.
Lo que sea el amor está en mis ojos
para volverme nube en la llanura.
Cuando la sombra está en el cielo
renazco siempre para no olvidarme.

Ella, la Noche, la que me enseña
a ver el Universo.

Aquí estoy, despoblándome de sueños,
yendo a la realidad sin conocerla.

      México, D. F.,
      a 9 de julio de 1972.

La tierra está en el mar para Campeche.
Es la luz hecha pez que paladea
y da a su corazón temperatura.

El mar espejo de la noche antigua
en la que se desnudan los recuerdos
con un aire de estatuas olvidadas.

El mar del viaje azul. La adolescencia
puesta en venta a los sueños. La gratuita
riqueza de la tarde que nos deja

sin un solo centavo de admiración. Se pule
la luz sobre los peces y da al esmedregal
sabor de amaneceres submarinos.

Aquí vine a nacer a la poesía.
Me llenaba los ojos de palabras
en sacrificio al Sol de cada día.

Todo se inauguraba ante mis ojos.
Todo era abrir el cielo a todas horas.
La mano estaba a punto de ser flor.

Barrio de San Román con su tranvía
cuadrúpedo y la casa con un pie
casi en el agua negra de arrecifes.

Éramos de otra parte. Vi a mi abuela
—de esbelta sangre maya— hacer su baño
de mar, casi a la entrada de la aurora.

En el monosilábico astillero
la madera engullía cada clavo
como si la escuchara el mundo entero.

Con cuánta desnudez sudaba el día
su claridad. El agua, el aire, el sueño,
sólo un fulgor de gran pescadería.

Cinco eran las Carpizo y nunca nada
ni nadie fue más bello que estas jóvenes
en las que yo miraba el Infinito.

Una estrella de mar puse en la mano
del cielo dese tiempo. Nadie supo
que yo encontré la perla de su encanto.

Una capilla con un Cristo negro
me puso muchas veces en la orilla
de un mar de luz y arcángeles luceros.

El Cristo negro de humo y toda el África;
negro como el marfil entre la noche,
como la muerte al sol que el día mata.

Dios negro, Dios de todos, Dios de selva,
Dios de aurora boreal, Dios latitud
de todas latitudes. La jirafa
le mira; el ruiseñor le canta. En el quetzal
tornasola el silencio su Belleza.

¿Qué puede haber sin ti que valga un poco?
Tú eres la Luz, la Verdad y la Vida.
Ilumina la sombra desos locos
que allá en el Mississippi abofetean
tu espejo de igualdad. Tu piel tan negra
brilla como la noche diademada.
En tu cuerpo la noche hace posible
mirar el universo sin medida.

En África del Sur Tú eres diamante
que triunfará sobre los blancos ciegos.

Barrio de San Román. El Cristo negro
y la capilla pobre. Las ofrendas
de los hombres del mar. A la salida,

el agua de guanábana y la tarde
que llena el mar con su naufragio inmenso
y la desolación de nuestras almas.

Cuatro siglos tu imagen, Cristo negro,
le da a Campeche lámparas de gozo.
La nave que negó traerte, cruje
y se hunde en el mar todas las noches.

Duerme un pez en tus ojos. En tus redes
aprisiónanos siempre. La blancura
cosa es del corazón. Que no haya ricos
ni pobres. Vendrá el día resplandeciente, sin clavos
  ni cruz,
serás blanco, amarillo, rojo, negro
y Tú estarás por siempre entre nosotros.

Tepoztlán, Morelos,
agosto de 1965.

Estoy todo lo iguana que se puede

Estoy todo lo iguana que se puede.
La tierra es como el cielo. Todo es fruto
de una máquina de soledad. El viento
campea displicente. Nada tiene
sino una enorme juventud. El tiempo
carece de estatura. Por el día
pasa la flecha que todo lo hiere.
El lugar de las cosas sobrevive
a cada instante. De una palmera
salen altas sonrisas y en el agua
sonríe la tristeza. Quieto a fondo,
miro la destrucción de mi espesura.
Y es la tierra, mi tierra, el polvo mío,
el árbol de la noche sollozada,
las puntuales blancuras de la garza,
las luces de mis ojos, el trayecto
de una mirada a otra mirada. El cielo
que vuela de mis ojos a los cielos
de unos ojos terrestres y las nubes
que desbordan el canto.

            Nada vive
para morir sin dar. En todo encuentro
algo de mí y en todo vivo y muero.
Estoy todo lo iguana que se puede,
desde el principio al fin.

            Hay ya un lucero.

        Villahermosa,
        una vez de octubre de 1966.

1

Me da miedo hablar de mí mismo.
No estoy seguro de existir.

Bajo un cielo de piedra levanto mi escultura.
Habita en mis ojos el diamante feliz.
Si soy humo de fábrica amorosa,
¿para qué llorar, para qué reír?

Yo me voy con las nubes a deshacer la vida,
a seguir deshaciéndola para volverla a hacer.
¿Pero soy yo, o mi otro yo de hace mil años?

Estoy sin noticias mías y sin ninguna ilusión de volver.

2

La mañana sacó a pasear todos sus árboles.
Les dije: "Yo también estoy aquí".
¿Pero no te da miedo hablar de ti mismo?
¿Estás seguro de existir?

De las plumas de un pájaro cayó una piedra preciosa.
De modo distinto, en cada flor intervino la luz.
Palabras palpitantes por mi sangre anduvieron
diciéndose sin verse, ¿Sí? ¿No? ¿Yo? ¿Tú?

Esa mañana duró toda la vida.
La tierra era muy negra y el cielo muy azul.

Tepoztlán,
10 de julio de 1966.

La nada es cosa seria

Es lo que no se busca, lo que se halla.
De aquel atardecer con mármoles caídos
revolví soledades y construí una esperanza.
Todo estaba tan lejos, las palabras destruidas,
la luz a medio destejer, el tiempo en la miseria,
que el río que en mi pecho anda descalzo
tropezó con el ruido de unas cosas
sin origen. En el moho del búho
mi fragmento de noche
comenzó a resbalar. El pulso daba
la uva del minuto picoteada
por algún colorín sin voz ni voto.
Yo que a todo color he dado siembra,
vi que la nada no tenía nada.
Vi que a mi lado no tenía nada
y que no estaba para ver la nada.
Serio, como el no ser, me fui quedando,
y comencé a vivir para la nada.

Pero alguien que espió el texto oí que dijo: ¡Gracias!
Yo apenas pude responder: ¡De nada!

San Salvador,
octubre de 1967.

Yo NACÍ joven.
Esto lo saben los árboles más viejos
y las nubes que empiezan a formarse.
Sigue lloviendo,
pero la tierra está tranquila
y el viento se ha refugiado
en las alas de un pájaro serpiente.
Por mi ventana veo tanto cielo
que mis ojos se van y a veces no regresan.
Yo veo y oigo y huelo y toco y paladeo.
Y esto me ocurre como el agua natural
que nadie ve.
Estoy perdiéndome sin horizonte,
y cuando me tropiezo con el tiempo,
creo que la muerte tiene tanta vida
como yo en ese instante.

Madrugada del 8 de noviembre de 1969.

Poema aislado

HAY días en que me quedo mirando la vida
con ganas de no seguir viéndola.
Cansado ya de tantas descripciones,
de tanta fruta agusanada,
de tanta luz inútil.
A veces me respondo sin preguntarme nada.
Días de soledad en que apenas existo.
Relámpagos de gloria para exaltar la nada.
Rodeado de todo lo que no necesito.
Incendio en la memoria y el olvido.

Pasan
los semi-dioses desnudos
con pata de palo, tuertos;
diamantes y zafiros machacados;
el ritmo, roto; el agua, seca.
Sería horrible morir en este día
en que ya todo está muerto.

El viaje a la luna y el cirujano en el corazón.
El laboratorio hierve de ingenio
para suprimir la vida.
La vida que se muere sin que el hombre la toque,
invisible y surgente, adhesiva.
Y la soberbia,
la soberbia del que todo ignora de sí mismo.

Días paralíticos, sin puntos cardinales.
¿Para qué los rumbos, para qué las tumbas?
Es inexplicable tanta soledad,
tanto reino vacío,
tanto esplendor ausente.
Apenas tengo fuerzas para morir.
Apenas tengo fuerzas para decir: Dios mío.

Lomas de Chapultepec,
6 de julio de 1970.

Moviendo las palabras

Por todo lo fluvial y lo lacustre
que soy, puedo ser árbol
a cuya sombra se proponga todo.
Animal vegetal y sombra ilustre
para el ladrón de joyas.
El girasol cuya atención redonda
obedece a los tonos que lo cercan.
El colibrí incendiado en un instante.
La abeja con el néctar de su vuelo,
y lo que no se vea en el vacío.
Yo, por debajo de las cosas,
moviendo las palabras.
Ahora estoy sin trabajo,
buscando quien me lleve al socavón
donde arde frío el diamante
y pueda yo vendarlo entre mis ojos.
Sí. Trabajar para ver lo no mirado.

Noche del 16 de abril de 1973.

Despertar

DESPERTÉ y ya las cosas no estaban
como cuando me pertenecían.
El viento de la noche
y la ceniza comenzaron a caer.
Grité dentro de mí sin que me oyera
la sangre que pasaba.
En los suburbios de un pulmón apenas
respondieron a mi grito.
El corazón marchaba sin saber adónde.
Era otra vez la soledad
con la mano extendida y los ojos abiertos.
Era la música destruida
en el rincón de un cuento
en que toda propuesta
se fue sola solamente diluyendo
sin que nadie la viera,
sin que nadie supiera,
sin que nadie viviera,
y a quedarme en los ojos de la noche
como algo antiguo que no pudo ser.

Noche del 16 de abril de 1973.

Sin saber lo demás

¿Que si vengo de lejos?
Lo sé por la belleza
que puedo actuar en la historia del día.
Lo sé por donde quiera
que yo esté en plenitud.
Es como un pie en el aire
para dar la libélula.
Por saber que la noche
era madre del día,
perdí el conocimiento
de todo lo demás que me importaba,
y entonces me di cuenta de que estaba tan solo,
que no tenía palabras para nadie.
Es una de esas noches en que el alma
pugna por ser alma en cuerpo y alma.
Siento el ritmo espiral y estoy naciendo
para desarrollar las energías
que no tuvieron forma.
Siento el lugar,
mi lugar en el espacio.

Es la materia que entra en materia,
materia errante sin color de dueño.
Estoy dejando mi presencia
en el ritmo espiral,
viviendo para todo,
viviendo para nada,
sin saber lo demás.

      Noche del 16 de abril de 1973.

Sé DE mi cuerpo
que es una llama sin noche que se apagará.
Nada sé del alma, porque es eterna.
Mi cuerpo que fue hermoso
como todo lo perecedero.
Lo de adentro no tiene forma,
ya se dijo: es eterno.

La alegría de vivir me persigue,
como el viento al viajero perdido.
Soy fruto del calor del agua
en la que en mi tierra se baña el Sol.
Encuentro al Sol en la noche
cuando me despierto.
Sin él no sería yo
sino una piedra escondida.

Nunca he podido encontrar la soledad:
siempre estoy conmigo mismo, yo solo.
Por eso en el bosque, todo, soy yo.

Del lujo subterráneo,
mi esplendorosa mineralogía,

mis ojos son depositarios
ante atléticos jueces invisibles.

Soy un fruto silvestre,
que a pesar de todo,
no ha dejado de serlo.
La esencia de lo puro
maravillosamente inservible.

Y ahora voy a cantar
como el clarín de la selva:

                    Ésta es la voz que se encuentra
a la mitad del camino
entre la flor y la nube.

Instante y línea para Alfonso Ruisoto

IBA el día despoblándose.
Las manos, solas, tocando sólo el aire.
La voz de lo que iba a ser la noche,
diciendo apenas, vagamente, un nombre.
Casi nada en la nada.
Las manos a la nada de la nada
sin tocar ya ni el aire.
El cielo que en los ojos de ese día
se iba poblando sin decirnos nada.
Las manos, blancas, de no tocar ya nada.
Ni la palabra,
menos la palabra.

Las Lomas,
2 de agosto de 1973.

Partir de cero

El hombre pájaro-serpiente
—cielo y tierra,
luz y sombra,
ojo y boca—
abrió el sueño a los lagos de la noche
y puso al día su mirada absorta.

El hombre pájaro-serpiente
vio orillas tan lejanas,
¿agua? ¿tierra? ¿cielo?,
que la amapola de su soledad
creció de nuevo entre la ausencia oscura.
El hombre pájaro-serpiente
quiso ver y saber aquella noche
sobre los lagos de la indiferencia.
Vio la flor invisible del desierto
de lo que nunca vio. Sus ojos negros
vieron la nada y se cerraron negros.
Aquella noche
que en el recuerdo cabe con ángeles difíciles,

no tuvo sombra que lo acompañara;
su sombra se rindió a la antigua fatiga.

Y quedó suspendido de una lágrima
que ha de dar el Sol que nunca ha visto.

Las Lomas,
15 de octubre de 1973.

Las montañas se reflejan en el lago
como las frutas en el barniz de la mesa.
Por eso el reló dejó de latir
y yo escondí en él mi corazón
para que la noche sobreviviera.
"Al fin solos", me dije a mí mismo
y comenzaron los relámpagos
a sustituir al pulso.
"Le ofrezco mi mano",
me dijo el pintor que no tenía más que una.
Yo la conservo
en el papel que él hizo siempre en la vida.
¿Por qué pienso del mar el avalúo?
Pues sí: es por el dúo
de la luz con la espuma.
La multiplicación me da la suma.
El mar siempre desierto
es de cierto político la fama.
El Mar Muerto
para todo el que ama.
(La pobre con sonante
perdiendo el tiempo en esta noche hermosa.
Para servir a usted: La rosa

con su amante.)
Pasó el torero herido
y el lujo de su traje iba al olvido
por la sangre regada.
Todo mi cuerpo fue mirada
y abuso de espectáculo.
Así es la vida.
El cuadro es la ventana:
doña Sed y sus hijas las granadas.
Y yo sin corazón inscrito en el partido
de los fieles a toda nada.
Y los pájaros que murieron en mi pecho
gracias
al aviso oportuno del cartero.
¿En memoria de quién estoy hablando?
La noche está en mi cuarto
analizando todo lo que puede.
Era mi corazón piedra de río.
¿Y para qué seguir si está lo mismo?
Cuando usted quiera puede usar el teléfono.
Para Nueva Zelandia quiere irse un poeta.
La isla en lentejuelas y rugidos.

Prefiero mariposas
del plato más costoso de la lista.
Y pensar que pudimos
sacar la castaña, ¿con qué cosa?
Esta campaña de desgaste,
sin hora fija,
me da tiempo para todo.
Yo ya perdí la cuenta
de los años ganados al olvido.
Nombres. Fechas. Paisajes.
Era mi corazón piedra de río.
Toque Ud. la puerta con la mano
y échela abajo si nadie contesta.
Verá Ud. hasta el fondo de la casa
y se echará a llorar.
La ventana es el cuadro de mi amigo:
Doña Sed y sus hijas las granadas.
Ya la sangre no importa,
hay que vaciar la herida
para vivir un poco más tranquilo.
¿Cómo poner en paz a Israel y a Vietnam?
Late el reló

como si fuera yo.
Inútil todo. ¿Todo? No creo.

Era mi corazón piedra de río.

Las Lomas,
Cuaresma de 1973.

Solferinos de medianoche

1

Vivo en una nube,
sin dirección,
desde hace ya algún tiempo.
Oigo nacer las hojas y los pájaros,
por la espiral que todo comunica.
Prefiero ver y oír, ya que el idioma
es apenas el eco
de lo que pudiéramos decir
con el puño cerrado.
(La mano abierta es para ver las líneas
del pacto nunca escrito por mi mano.)
No sé de altura ni horizonte:
vivo simplemente ALLÁ.

2

La permanencia es el instante,
leo en el chorro de la fuente.

Por lo preliminar, cuando amanece,
creemos que algo nuevo ocurre.
Para el reló de la cardiología
las 24 horas son iguales.
Siempre se vive a tiempo.
Los ríos pasan
y el mar llega sin pasar.
Así, quisiera ser.

3

La noche es más día por dentro y fuera,
eso sí yo lo sé.
Sin puertas ni ventanas,
sin techo ni paredes.
La sombra está desnuda
mucho más que la luz.
Hablo con todo sin mirar a nadie,
irradio sin moverme, estoy en todo.
Así vivo sin antes ni después.

4

Todo en la noche
está siempre joven.

Acompaño a la noche en su tarea
de no contar con nadie ni con nada.
Veo en el entreflor de una persona
que alguien me espera sin saber por qué.
Creo sorprender a la noche con alguna esperanza
y me hago pedazos al recordar un nombre
que me destituyó de mi propia dirección.
Alaridos lejanos
de meter la llave
para cerrar.

5

Siempre la confirmación
y los ojos en las manos
y las manos junto a la puerta.
¿Dónde está Dios?

                         Las Lomas,
                         27 de febrero.
                         Cuaresma de 1973.

Hondo canto del desierto

Toqué la puerta del desierto
y salió a recibirme nadie.
Nos cruzamos los ojos llenos de cielo
y al decirnos nada,
vi en el aire la llama vacía
de lo que no tengo.

Como si acariciara una esfera,
me doy cuenta de lo que estoy escribiendo.
El ritmo sale
naturalmente de sus hormigueros
y ferrocarrilea sobre el papel
para dirigirme la palabra.
El tiempo
está despoblando el cerebro.
Tengo
lo que no tengo.
Ya es la hora de todo esto.
Al perder el conocimiento,
todo lo recupero:

Intacto el cactus intocable.
La Luz,
que todo lo sabe,
recomienda la personalidad
del atardecer de un lucero,
cuya novedad consiste
en que aquí, nadie lo ve.
Aquí todo siempre es nuevo.
La muerte no envejece.
Es como un jilguero
que reserva su canto para el último día
que ni siquiera
es un recuerdo.
Jilgueros en el desierto:
Tengo lo que no tengo.
No sé qué hacer con tantas cosas
que inauguran mis ojos. Veo.
No descubro nada. Veo.
La colocación de las palabras
está en el itinerario del desierto.
Pero volvamos a la luz
cuya ausencia se detiene a mirarnos.
Es la soledad de la geometría descriptiva.

Todo va de un lado a otro sin moverse.
En todo hay una invisible sonrisa
que nosotros destruimos
por incompatibilidad con la vida.
Intacto el cactus intocable.
No sé qué es esto
ni aquello
pero acarrea mis nervios.
Todo es mío por ser de nadie
y nadie tiene derecho a quitármelo.
(Aparece el primer síntoma
del harapo ambicioso.)
Hay un enorme campamento de antenas
para recoger las ideas del desierto.
Hay piedras colocadas en la oscuridad
para que se tropiece el silencio
y se pueda oír que algo pasa
en medio de todo esto.
Esto es lo que tengo,
lo que quiero y no quiero.
Me voy y después vengo,
¿o me quedo?
(Mire usted, doctor,

ésta es la única enfermedad saludable.
Abra usted su consultorio en el desierto.)
Va a salir el sol;
tenga usted cuidado con sus recuerdos;
aquí los perderá usted todos.
Qué le cuento,
doctor,
que anoche en el hotel
estuve clasificando mis sueños
y no tuve alfileres para tantas mariposas,
y ésas, claro está, se fueron.
¿Se figura usted al poeta
inútilmente persiguiendo? Pero todo esto es un jardín
en que las flores no se alcanzan,
a veces, ni a ver. Hay flores que se cierran
al paso del hombre.
Hay flores que se ven de noche,
por casualidad.
Este desierto, el más instantáneo almacén
de casualidades nocturnas.
La noche en el desierto nos rodea
y ya en su paladar el justo aroma,

un diamante, una flor, una paloma,
lo que la noche en sus entrañas vea.

Lo que en nosotros solamente sea
algo que diariamente se desploma,
aquel anochecer desde la loma
en que el lucero diario parpadea.

Somos la noche con su oculto encuentro;
saber lo que está adentro, lo que el centro
de lo profundo es. De pie se mira,
todo lo que se ve. Señala el viento
el color de la noche; en lo que gira,
vive y muere la vida en su elemento.

En el desierto la botánica
es un libro abierto
cuyo hermetismo
nos obliga a hablar en voz alta.

Las palabras asisten a sus propias esculturas
con la frialdad de una presencia olvidada.
Todos los objetos que aquí se exhiben

crecen con la lentitud de que no pasa nada.
Usted habla
y nadie le contesta
pensando siempre en otra cosa.
Como nadie está aquí,
cuenta usted con alguien.
No pienso escribir la palabra paisaje.
Se queda en el aire.
El color de los sonidos aquí en este desierto,
se coloca distraídamente.
Es el gran negocio de la serenidad
sin recurrir al canto llano.
Usted abre la mano
y es una estrella que no tiene cielo.
La mano que toca la belleza
de las nubes humanas.
Aquí todos los caminos
llevan al mismo destino.
Líbrenos Dios de la nada
por si quiere usted salir a buscarla.
Aquí la tiene usted por todas partes,
ocupada.
Y a espaldas de mis ojos:
¡el mar!

                      22 de noviembre de 1974.

Poema

Me percato
de que no soy el gato
ni el ratón.
Soy la carrera
de los dos.

Y ante la lámpara que se desvive,
me reduzco, confino, y ya entre todo,
salgo de la mañana como el fruto
que no hay que comer sino quedarse viendo.

Ni con la niña de mis ojos puedo
dejar de morir por esas luces.

Y el viento, el viento, el viento,
se lleva lo que el viento se aniquila.
Me quedo sin la aguja
para poder continuar
y la palabra para dar.

No estoy, pero mi sangre vierte
el chorro que hace fuente y hace prado.

No sé si vuelva a estar,
pero no hay tiempo
para estar sin estar.

No sé del día
que comience sin luz.
Yo estoy a tiempo.

Lomas de Chapultepec,
febrero de 1975.

Poema

SABER que uno no sabe,
es comenzar a saber.
Y aquí está ya la lluvia que sí sabe
lo que me viene a devolver.
Ay, lo que yo quisiera
saber y no saber.

Y hay en el cielo de mis desnudeces,
con el ritmo de las noches y los días,
el piano de la infancia y el abismo de hoy.
Y el péndulo consigue
que el árbol flote sobre el horizonte
y se mueran los días sin el luto de ayer.
Arrecia el agua contra la vidriera.
Siento en mi sangre el sol y el trueno me da luz.

Y entre las carcajadas de la lluvia
y la voluntad del atardecer,
me digo alegre y humilde:

saber que uno no sabe
es comenzar a saber.

>	Lomas de Chapultepec,
>	febrero de 1975.

Tlalpujahua

A don Pedro Román

EL PUEBLO olvidado,
recuerda en oro y plata
su porvenir antiguo.
Montañas de tú y usted y de excelencia,
llenan el horizonte.

Como estar entre senos femeninos,
el pueblo se desnuda.
Sus entrañas indígenas
y el frío de sus árboles
equilibran el clima,
y el cielo endurecido en azules muy hondos,
alojan a las nubes descriptivas
que son así en la tarde mausoleos
de príncipes dorados.

Las almas cuatro mil que aquí concurren,
deshojan su existencia,
igual que un libro que ya nadie lee.

Página en blanco:
nacimiento y muerte.
Y son tantas las flores
que tiene el pueblo entre sus manos,
que el pasado es presente y es futuro
en todos los colores del noviazgo.

Su templo dieciochesco
no se parece a nada y es magnífico.
El estilo neo-clásico
asesinó su intimidad,
pero sigue siendo cabeza enaltecida
con la esperanza que nos da la fe.

El maestro Olay
con plumas en las manos,
vuela,
y baja,
y realiza sueños plumíferos,
como cuando teníamos
nuestra propia cultura.

Una familia principal,

madre e hijos de solidez heroica,
da monumentos en el pueblo, en el bosque,
y su apellido, como enorme rayo,
dio trueno y luz
en la guerra contra España.

La familia Rayón, con don Ignacio al frente,
nos da en las soledades deste pueblo
el aliento encendido de servir a la Patria.
En dos días fuiste mío
pueblo que amo.

Dejé mis pasos en tus empedrados,
la mirada en tus cielos,
el pecho abierto en sangre por tus flores
y en los ojos de alguien
la ventana abierta de regresar.
Hoy dejo el tiempo entre tus manos:
fecunda soledad de piedra y roble.

> Lomas de Chapultepec,
> 18 de octubre de 1976.

Señas para un retrato

UNA

Soy fiel a mi palabra:
lo diga el colibrí de florido momento.
Que se desnude el día y lo declare.
Que se agriete la tierra
para emitir su voto.
Que si hay un día nublado,
él sabe lo que me cuesta callarme.
Nunca he dicho no a nada.
Aunque sí:
        siempre he dicho no a la traición.
Me duele el alma
del apóstol vendedor.
¡Cómo habrá sido
la mirada de Cristo aquella tarde!
¡Con cuánta alegría
soy fruto de humildad!
Ando por todas partes,
libre,
sin que nadie me vea.

                Lomas de Chapultepec,
                25 de marzo de 1972.

DOS

Camino firme
y con la cabeza
hermosamente en su lugar.
Trátese del mar o del cielo,
llevo siempre
la cabeza en su lugar.
Al encender el día,
mis manos esconden
lo que de estrella haya tenido mi sueño.
Y la vellosidad
de mi pecho y de mi vientre,
indican la orientación del viento.
Mi sexo es fruto variable
de las órdenes del día
y la hechura de mis piernas
es cosa habida en la montaña.
Siempre mi boca
anda por mis ojos.
Mi voz es la del viento entre los árboles.
Acto de presencia al medio día,
y a espaldas de la tarde,

me llevo lo que puedo
para esperar la noche.

26 de marzo de 1972.

TRES

Si al tocar la puerta
veo que nadie sale,
camino un poco más y pido
la limosna que me corresponde.
Lo que pido,
es porque creo que me pertenece
así sea
de la noche a la mañana.
Cuando hablo no pido
porque me están mirando.
Cuántas puertas se cierran
para dejarme abrir una ventana.

Lomas de Chapultepec,
26 de marzo de 1972.

Y CUATRO

La medianoche cae sobre mis labios.
¡Ni hablar! digo como todo el mundo.
Que el sueño tenga la categoría
de la media noche.
Que todo lo que sea para mí,
lo tenga yo sin dármelo.
Que amanezca en mis ojos,
tan luminosamente,
que me quede mirándola
dormir,
la poesía.
Que yo sea su sueño
en el agua más limpia de la luz.
Diamante enorme de la medianoche.
Ancla que tocó el fondo.
Voluntad absoluta
de cuanto soy.
¿Una palabra más?
Ni una palabra.

      Lomas de Chapultepec,
      9 de mayo de 1972.

TRES

Dos sonetos de Junio

A Elías Nandino

I

JUNIO trae en el hombro la paloma
que otro tiempo fue un águila. Sus manos
señalan horizontes tan lejanos
que apenas dan la altura de una loma.

Comienza a atardecer y el aire aploma
su antigua iniciativa. Con desganos
aún señalan caminos por los llanos
las vivientes angustias del idioma.

Junio en la tarde muestra su hermosura
pálidamente antigua. Noble causa
da en sus ojos la flor de su figura.

¿Aún hay tiempo de amar y ser amado?
Y un pájaro es el ritmo de una pausa
que da el valor del sueño y lo soñado.

II

Junio, si con tus manos desbaratas
el cielo acumulado de otros días,
la algarada naval, ganaderías
del gran cuerno abundante que aquilatas;

si lo que no sabías lo relatas
sin haberlo escuchado; si tus crías
tienen las luminosas energías
que a la noche en el viento le arrebatas;

si estás de pie en la cumbre panorama
donde a un lirio un antílope amalgama
la esbelta soledad de un joven triste,

toma la mía, que en su flor de fuego
distingue la verdad de lo que existe
y seriamente se dedica al juego.

Las Lomas,
junio de 1958.

Unos sonetos a Germán Arciniegas

I

No es posible con tantos argumentos
que le da a usted la rosa. Si usted quiere
ser el viento, verdad o lo que fuere,
le son palabras que se lleva el viento.

Entre lo amarillento del momento
mira usted la penumbra que se muere
por ser luz y así todo cuanto hiere
se vuelve luz luciérnaga al momento.

Estoy en mi ventana que es un sueño
que va de lo más grande a lo pequeño.
Y mire usted las cosas de la vida:

Tanta argumentación —que no retiro—,
contradice las causas de la herida.
Son como un colibrí sobre un suspiro.

II

Mire usted, cuantas veces me he sentado
a contarme los cuentos a mí mismo,
me he dado cuenta que no hay tal abismo
entre la realidad y lo soñado.

No hay voluntad para vivir. Lo hallado
es por casualidad. No hay heroísmo
para cuando no hay, sacar el sismo
de las entrañas de lo no creado.

Parece que exagero. Dejo en manos
de usted lo que usted quiera. Son hermanos
de madre, no de padre, estos asuntos.

Allá usted y yo y nosotros. Usted sabe
con qué afecto tan hondo estamos juntos
en esta eternidad que en todo cabe.

III

Volvamos a la rosa. No es la rosa
la verdadera causa del motivo.
No es por la rosa por lo que yo vivo:
por lo que está detrás de cada cosa.

Nunca he podido ver esa porosa
cuestión que todo absorbe. Y lo que escribo
parece que me acerca y me prohíbo
yo mismo en ese instante ahondar la rosa.

Ve usted lo fácil destas negaciones.
Tan revitalizadas emociones
estimulan inútiles esfuerzos.

Vamos a lo que vamos, yo dijera.
Y así en toda la prosa destos versos
reinará sin reinar la primavera.

IV

No tengo inconveniente en este día
de una convalecencia que me esconde,
decirle que yo empiezo siempre donde
süele terminar toda alegría.

Sólo así entonces siento que es mía
la realidad, y así, por más que ahonde,
queda sólo ceniza y me responde
la pregunta que siempre está vacía.

Vivimos en el polvo que es tan nuestro
y tan de nadie. El aire nuestro
modifica las líneas vegetales.

Soy, al tesoro luz de mi ventana,
brizna de las virtudes temporales,
fuego de una catástrofe lejana.

V

Hablándole de usted —a quien tuteo
sólo por elegancia callejera—,
pensando si yo soy o si yo era,
si soy el juez o sólo soy el reo,

aquí hallo pausa por lo que ya veo.
Si logro proseguir, si yo pudiera
contar lo que no he visto y lo perdiera
entre mis mismos ojos... Pero es feo

hablar de lo posible y prodigioso,
de lo que no sabemos y es ocioso
llamarle por su apodo. Estos poemas

te dirán cuánto soy hormigamente
obrero de la vida y no de gemas,
sol en el corazón, sombra en la frente.

VI

Aquí está Simonetta. Está en mi casa,
cansada de la vida de Florencia.
Le gustó Xochimilco. Su inocencia
ha llegado a ese extremo. Ni con gasa

quiere cubrirse y anda por la casa
desnuda como el aire que es su esencia.
Tú sabes con qué lánguida cadencia
vive esta flor la vida que no pasa.

Le regalé unos ópalos nacidos
entre un cofre moderno harto de olvidos.
¿Nunca has visto un ocaso al microscopio?

Te ha escrito varias cartas, dice ella.
Le gusta más lo ajeno que lo propio:
sucede con la fuente y con la estrella.

VII

Entre estudiantes caribes te veas
y no te quedará ni la camisa.
Y así otras muchas cosas que en la brisa
de tu hermoso recuerdo bamboleas.

La vida que te da lo que deseas
te guarda un rencorcillo. Y no sumisa
te parezca al pasar. (Es más sonrisa
tu vida. Así a la postre, no me creas.)

Te releo estos días escondidos,
convalecientes. Bogotá encendidos
nuestros programas veinteañeros crecen.

Una montaña de amistad. Qué hermosa
—a pesar de pesares que estremecen—
es esta tarde que olvidé a la rosa.

Tepoztlán,
10 de agosto de 1969.

Flor en la luz

A Nina Coronil de Pagelson

Mírate tú primero, antes que el día
te robe el tiempo de la luz que tienes.
La prisión que en tus ojos encadenes
verá la libertad de la alegría.

Todo en ti es hora de jardinería.
El plumaje del canto que sostienes
en el aire de todo a lo que vienes,
es un cielo de esbelta joyería.

Lo encendido que en ti mueve las horas,
Bolívar nos permite ser mejores.
Todas trasciendes las horas sonoras.

Dichosa luz la que en tus ojos vive.
Tú se la das al día como flores
y como flores a quien esto escribe.

                      Lomas de Chapultepec,
                      1º de junio de 1969.

A Luis Barjau

MIRA, Luis, no es por nada, pero hay días
que me quedo mirando cualquier cosa,
y me pregunto si la mariposa
viene o va o si soy yo el de sus guías.

Entre conformidad y rebeldías
el árbol soportó la dolorosa
tarea de crecer, y cuidadosa-
mente bajo la lluvia ve sus crías.

Hay un fruto: es un pájaro. Prefiero
escucharlo en la tarde, cuando muero
de todas las maneras que es posible.

Y aquí me tienes sin decir palabra
por miedo de encenderme combustible
y cuidar que una puerta no se abra.

14 de junio de 1969.

Este libro...

> *La inútil rosa*
> *de una herida abierta.*
>
> ALAÍDE FOPPA

PERO es de todos modos una rosa.
Tiene la flor de todas las edades
y en todas las vigentes soledades,
fiel a toda verdad y a toda cosa.

¿Quién no sabe la sangre y lo costosa
que es conservar en todas las edades
la rosa y el rocío en soledades
en que se puede marchitar la rosa?

Sí... yo comprendo... es natural... ¿Qué cosa
no es natural? Con todas sus crueldades,
llenamos de bondad la misteriosa

tarea de vivir. *Edad y edades*
en una soledad de soledades
... pero es de todos modos una rosa.

Lomas de Chapultepec,
octubre de 1969.

Soneto fraternal

A Herminio Ahumada

HERMINIO hermano, cuánto sentimiento
de lagos y arboledas de hermosura.
Te estoy diciendo sin arquitectura
que anda mi corazón por ti en el viento.

Un cielo de amistad es puro cuento
si el rostro al desnudarse no es llanura
y un horizonte de temperatura
le deja siempre hablando el sentimiento.

Ni tú ni yo sin Vasconcelos puede
la vida suceder como sucede:
la vida con montañas y banderas,

la vida sin temor a tempestades.
La vida hecha un montón de primaveras
y con sus repentinas soledades.

4 de diciembre de 1969.

Soneto con una queja y una afirmación

Escrito para el doctor Samuel Fastlicht

SE LO he dicho, Doctor, usted lo sabe:
la distancia que hay entre el idioma
y nuestra propia realidad, si asoma,
por ejemplo, en mi caso, Dios lo sabe.

No averiguo lo dulce del jarabe
ni el vuelo azul de la cualquier paloma;
ignoro, en fin, la esencia del aroma
y lo que es la cornisa al arquitrabe.

Entre amigos, Doctor, y entre enemigos,
decirnos la verdad es ser amigos.
Hablarle a usted de mi pobreza en todo

es signo fraternal: tanto nos une.
Jerusalén es nuestra. Y de algún modo,
nuestra unidad está de daño inmune.

Lomas de Chapultepec,
4 de diciembre de 1969.

Soneto en que se regala lo que uno cree que es mejor

Dedicado al doctor Samuel Fastlicht

SE PINTARON las nubes un instante.
Yo quise, como siempre, que usted viera
aquella cósmica Primavera,
frágil como la dicha de un atlante.

Aquella luz no tuvo semejante.
Me pareció ser así la luz primera:
el nacimiento de la Primavera,
la Primavera de la luz errante.

No sé, Doctor, pero desde ese día
el agua en que nací tiene más cielo
y el cielo más montañas de alegría.

Regalarle un momento, ese momento,
es darle lo mejor que tengo al vuelo:
una llama que crece con el vuelo.

Lomas de Chapultepec,
8 de diciembre de 1969.

Soneto dedicado a Andrés Iduarte

PARA tu niño revolucionario,
todo el mar de Martí, más otras cosas,
y tantas, la amistad, las altas rosas
de la Belleza y su vocabulario.

Estamos lejos de lo relicario:
se trata de alusiones luminosas,
tu palabra arterial que hace las cosas
como cuando se escucha un campanario.

Entre el agua y el sol el árbol mira
cómo la tierra en él habla y estira
la aventura de ser a ritmo nuevo.

Por eso en nuestras voces se conjuga
cierto Tabasco por el que me muevo
a recordarte lo que en él subyuga.

Lomas de Chapultepec,
el 25 de febrero de 1975.

Para un foto-poema de Manuel Álvarez Bravo

La tarde embalsamándose en el lago,
pudre algo sus colores, solitaria.
Todo dúo, imposible. Es sola un aria
de silencio tan vivo como el lago.

Si todo se entregó ¿por qué un rezago
de la máquina mínima y sumaria
oigo, si aquí no estoy? ¿Hospitalaria
tanta desolación? Cierro y apago.

Veo en mis ojos la visión. Heredo
para toda la noche y muchos días
cielos de soledad con que me quedo.

Hay una barca muerta y otras cosas
muertas hace un momento. Simetrías.
Nacieron esa tarde muchas rosas.

Lomas de Chapultepec,
12 de junio de 1975.

A Héctor Cruz

I

Y así voy, con los ojos en las manos,
diseminándome por tu pintura,
en que el color es puro, sin blancura,
desnudos primaveras y veranos.

Hay un hondo sentirse, y entre hermanos
me encuentro en tu paleta con la holgura
que se da en la belleza cuando es pura:
la mano se abre por soltar los granos.

Muy poesía traigo de tu obra:
en ella nada falta y nada sobra.
Se cumple un ideal: la poesía.

Me retiro envidiándote. Quisiera
decirte un algo más; tal vez sería
desbaratar en mí tu primavera.

II

Pero algo más debo decir a punto:
pintando poesía ¿es más deveras?
Qué gas tan impalpable el que encendieras,
—violeta y amarillo— en el asunto.

¿Por qué me quedo un poco cejijunto
pensando en las palabras? Como quieras.
Si yo anduviera por donde tu anduvieras,
¿se podría ejercer el contrapunto?

Tanto me inquieta lo que de tu mano
vuela a mis ojos, lo solfeo al piano
de la pradera con dedos de brisa,

que melódicamente vi el follaje,
y como todo lo que se improvisa,
fui un elemento más en el paisaje.

Lomas de Chapultepec,
26 de enero de 1976.

Diciéndole a José Gorostiza

UNO

¿TE DISTE cuenta de que en Junio el día
tiene algo de la noche? La pregunta
lleva en la flor de tu presencia adjunta
el fruto silencioso deste día.

Algo de subterránea idolatría
alcanza al cielo que el amor conjunta.
Y entre el día y la noche se barrunta
todo eso que no sé y es cosa mía.

Pasa por la alegría un soplo obscuro
que fácil pudo unirse a lo maduro.
Desbaraté con mis palabras eso

que nunca supe lo que es. Y sigo
diciéndote de Junio... Libre y preso.
Sí te das cuenta de lo que yo te digo.

DOS

La ventana soy yo. El todo afuera
está dentro de mí. Te sigo ardiendo
sin que nadie lo vea. No destruyendo
la luz de piedra de tu cordillera.

Dentro de mí se ve crecer lo afuera.
La luz que no fue mía ya la enciendo.
La flor cuya belleza nunca entiendo
me da en los ojos su fulgor ceguera.

Me dices que así es Junio. Yo quisiera
desnudarme en sus ojos. Desde afuera
verme por dentro. Sin decirme nada

volver a las antiguas geometrías.
Y estoy entre mi nube y tu almohada
viendo caer las noches y los días.

TRES

Tu ausencia es para siempre. Te quedaste
para siempre también. Juntos hallamos
lo que nunca se encuentra. Embalsamamos
lo frutal de la vida. Todo amaste

sin decírselo a nadie. Tu desgaste
fue propio de la luz. Si nunca estamos
en donde todo el mundo, es porque estamos
con nosotros y en todo. No hay contraste.

El papelito de la mariposa
que cayó en una rosa, por descuido,
sólo nosotros lo leímos. Cosa

que nadie toma en cuenta. Noche tuya
fue día para mí. Lo prometido
es deuda. Que anochezca y que concluya.

                          Lomas de Chapultepec,
                          17 de junio de 1973.

Soneto con un Velasco para mi sobrino Juan

Juan de la Luz, que te siga inundando
como a Velasco su naturaleza.
Basta un rayo de sol y todo empieza
para saber vivir multiplicando.

Esta pintura, lejos de lo blando,
es energía de pies a cabeza.
En su iluminación hay la belleza
de la palabra cuando está cantando.

La fuerza de la luz aquí en la tierra
está en la libertad de lo que encierra.
Se va la luz y aparece el lucero

Que así sea para ti. Miro que llegas,
y al mirarte llegar, digo en jilguero
que no he vivido para siempre a ciegas.

Las Lomas,
31 de mayo de 1968.

Sonetos escritos en Atenas

A mis hermanos Juan y Blanca

I

VISIBLE la invisible primavera,
dedos de harpa en las cosas, simple encanto,
lujo gratuito, desnudez de tanto
que cuanto estaba adentro ya está afuera

Siento mi corazón por dondequiera.
Entre un silencio y otro se oye el canto
que se guarda en silencio cuando es tanto
lo que no hay que cantar en primavera.

Entre los mármoles las amapolas,
tan vivas que parece que están solas,
distribuyen su sangre a todo el día.

Y libre ya, sin puerta ni ventana,
me llena de mí mismo esta ambrosía
y el fresco un poco azul desta mañana.

II

No era la primavera. No era nada
a semejanza de la primavera.
Era lo que tal vez no fue ni era.
Una tarde entre mármoles pausada.

Casi nadie en el alma. Una alejada
realidad que, de estar, si yo pudiera,
no la transformaría en primavera.
Una tarde entre mármoles hablada.

No ser una amapola en un momento,
siquiera en un momento, una amapola
nacida entre los mármoles. Intento

sentir como sería. Y una ola
de vida sin igual, da el elemento
de sentirse entre el mármol amapola.

III

Vivir a sangre y fuego entre la fría
integridad del mármol y al instante
morir y renacer fertilizante
fabricante invisible de alegría.

Vida a sangre de sol, noble cuantía
de siempre dar, no siempre fulgurante.
Hay grises tan amables, luz distante
que enriquece poder y poesía.

Frente al mármol del mar joven y quieto,
miserable de flor y de alfabeto,
me escondo entre mi voz. Mármol y flores

cifran una ansiedad. La noche llega,
y olvidada de formas y colores
silencios delirantes nos entrega.

Atenas, abril de 1970.

Envío:

No sé si estos sonetos, poesía
de piedra y flor y luces diferentes,
les den, a ti y a Blanca, las corrientes
que pasan por mi sombra y mi alegría.

Todo lo que pasó nos sonreía
y éramos frente al mar sus nuevas fuentes,
de voluntad, de amor, las más frecuentes
alusiones a toda poesía.

Dichosa nuestra sangre que se vierte
a cada instante, generosa y fuerte,
Juan, en tu corazón todos se encuentran,

es la cita del sol a todas horas.
Y tanto los que salen que los que entran
tienen de ti tus fáciles auroras.

Lomas de Chapultepec,
2 de julio de 1970.

A Carlos y a Corina

EXTENDIENDO la luz hasta esa hora
en la que el cielo es ya de otro modo;
y cuando el corazón lo encierra todo
por algo indescifrable que atesora;

cuando la realidad se deteriora
para que la ilusión tenga acomodo;
y una flor invisible sobre el lodo
da testimonio de una nueva flora,

en esa hora en que se va la tierra
siquiera un poco al cielo y nos encierra
entre sus propios labios, digo a ustedes

cuanto no digo aquí y ustedes saben.
Que no haya jaulas ni delgadas redes,
los sueños verdaderos no se acaban.

Lomas de Chapultepec,
junio de 1974.

La danza

A *Gloria Contreras*

Círculo y triángulo. Punto. Movimiento.
La estatua, liberada en el vacío.
Instante en llamarada o en rocío.
Hoja que cae o grito en el cielo.

Un pájaro tan claro de alimento.
El equilibrio de un escalofrío.
Las mil pausas continuas. Lo que es mío
cuando con nadie estoy: deslumbramiento.

Es hablar con el cuerpo. No está muda
la música del cuerpo. Se desnuda
la inmaterialidad de la materia.

Estoy pensando en ti. En ti he aprendido
que no hay tanta riqueza en mi miseria.
Silencioso clamor de cielo herido.

> Lomas de Chapultepec,
> 4 de septiembre de 1976.

CUATRO

JUNIO, todo lo flor que nos enlaza
nos sitúa tan lejos del olvido,
que aun ante el sentimiento más destruido
nuestra ternura sola se solaza.

Lo mismo que una fuente en una plaza
nuestro amor está a todos ofrecido.
No moriremos por haber nacido
sino por no vivir siempre en la hornaza.

Junio a fuego es mi atmósfera. Te quiero
para quererte siempre como quiero.
A ti que sin saberlo me acompañas

te doy toda mi sangre. Yo te digo
que si te buscas entre mis entrañas
verás que entre tu sombra yo te sigo.

      18 de junio de 1969.

Tríptico

I

YA ES otra primavera y es la misma
que me enseñó a buscar lo que no encuentro.
Si estoy fuera de mí, si estoy adentro,
¿cómo mirar en otro el mismo prisma?

No es tan difícil burlar lo que abisma.
Es el abismo que no tiene centro.
Es no saber decir si salgo o entro.
Ya es otra primavera y es la misma.

Distinguir los colores, no las luces,
es la equivocación. Puente que cruces,
detente a la mitad. La primavera:

¿estará en la otra orilla? ¿y si en sentido
contrario alguien te ha visto? Dentro o fuera,
¿dónde estarás, primavera que olvido?

II

Vamos anocheciendo, que ya es hora
de pensar en la luz. Oí ventanas
que cerraban los ojos, tan humanas,
tan flores, como flor que se desflora.

La puerta abrió sin ruidos, proveedora
para entrar o salir. Eran hermanas
las puertas, las ventanas más lejanas
de cuanto vi sin consultar la hora.

Hay que encender la luz. Ver lo escondido
que ocultamos de día, poseído
sólo por nosotros. Si podemos

encontrar lo perdido tan a mano,
la luz tendrá las luces que queremos;
nos tratará la noche como a hermano.

III

Esta noche el encanto de la vida
es ya casi terrible y me pregunto
por qué no me pregunto si estoy junto
a todo o tan lejos? Tan florida

como toda esta noche está la herida
a la que doy la vida. Es este asunto
que cuando creo que lo entiendo, adjunto
una duda en violetas escondida.

La noche es la belleza. Veo mis ojos
y a través de los ojos de mis ojos
desmiento lo que vi. Algo me mira.

Busco la soledad en la belleza,
y oigo en mi voluntad que algo delira
y me invita a creer en que algo empieza.

      30 de abril de 1971.

Pentámera

I

POESÍA es un descubrimiento,
pero hay que hacerlo siempre con las manos
de no hacer nada, y cerca de lejanos
manantiales que dan entendimiento.

Del centro de las cosas al momento
del hallazgo, palabras como hermanos,
de parajes hermanos tan cercanos
al rostro vienen con su cargamento.

Estoy sobre la yerba, al mediodía,
desnudo como el sol, oyendo el canto
de los pájaros. Vástago del día.

Oigo nacer lo que por fin levanto
de una brizna de luz, que así me guía
ciego de tanto amar sombras de encanto.

II

Entró la Primavera y el Imperio
se puso en pie: los pájaros, las flores
y las luces de todos los colores
dividieron la flor del hemisferio.

Nada se puede, aquí, tomar en serio
por la falta de tiempo. No hay errores
de perspectiva. Todo son amores
para ensanchar las fugas del Imperio.

Es todo el bien terrestre el que reúne
lo fácil y difícil ser inmune
a mejores venenos cada día.

Entró la Primavera y toda puerta,
que tras ella cerró, quedó sombría
al mirar que la luz no estaba muerta.

III

Hoy mataron al fresno por tan alto.
Su dueño lo mató por peligroso.
Toda cuestión de altura es de coloso.
Y el árbol era esbelto como un salto.

Nunca se acompañó de azul cobalto.
Eran inmensas rocas su frondoso
cielo de piedra, siempre peligroso,
que el huracán tomaba por asalto.

El fresno y yo sumamos una cifra
que fue para los dos la que descifra
el ser o no ser vegetal —supimos

callar bajo inconformes tempestades.
Si no fuimos hermanos sino primos;
bueno, familia de las soledades.

IV

No quisiera morir sin verme a solas
con mi sombra; saber cuánto he olvidado.
Tenerla tan presente, que lo andado
no tuviera final: el mar, sin olas;

el jardín sin la fuente y sin corolas;
la melodía sin flautín; el dado
sin la mano y la mesa y el candado
sin la llave y la puerta. Todo a solas.

Un no morir a solas. Me acompaña
ella, mi sombra, la que en la montaña
me enseñó a suspirar por lejanías

a que nunca llegué. Después de todo,
me queda entre las noches y los días
la sombra de haber sido de otro modo.

V

En mi mano posó la mariposa
la voladora flor de su figura.
El aire fue un instante de escultura
y la luz una flor en cada cosa.

Comunicada con esa mariposa
quedó la posesión de mi ternura.
Un secreto delirio, una postura
de increíble pasión fue aquella rosa.

La rosaleda de la dicha quiso
coronarme de luz, sin tener piso,
ser un soplo de atmósfera divina.

Cuando los dos nos separamos, todo
volvió a ser la pobreza y la rutina
y yo polvo ya seco que fue lodo.

Tepoztlán,
1º de mayo de 1972.

Dualidad nocturna

Los caminos destruidos del insomnio
que van a dar a donde ya no hay nada;
los pasos tan voraces del demonio
sobre la arena más abandonada.

Víspera poderosa llamarada
que enciende las ciudades del insomnio;
la muerte joven que se da el demonio
a la luz de una espléndida mirada.

¿Va a llegar un arcángel? Tengo el río
para la desnudez de su hermosura.
Busco lo que no es suyo y lo que es mío.

Todo parece estar naciendo apenas.
¿La novedad de una antigua escultura?
Todo parece estar naciendo apenas.

                Lomas de Chapultepec,
                noche del 5 de diciembre de 1974.

Ni la luz ni la sombra

Solo y a solas con todas las cosas.
Un momento presente en todo instante.
Jamás ningún momento es semejante;
solo y a solas con todas las cosas.

La luz en las montañas misteriosas
da una flor, una vez, determinante.
Nunca la mano encajará en el guante:
podrá tocar la luz sin ser las rosas.

Si amanecemos sin que nos despierte
ni la luz ni la sombra, si se advierte
nuestra presencia en todo lo creado,

qué instante para siempre es nuestra vida,
qué momento sin muerte hemos tocado,
qué nueva sangre cerrará la herida.

Ansioso todavía

Sí, PERO no, porque entonces sería
agregarle al otoño una vidriera.
Una intemperie más, la primavera,
con el rocío de la algarabía.

Si hay en tus piernas la alegría entera,
si eres horizonte de alegría
que en tu mirada enorme se confía
y hace de la montaña una pradera;

caminar con el canto entre las manos,
soltándolo en palabras como granos
que al brotar dieran voces nunca oídas

y descubrieran silvestre riqueza
para olvidar las costosas heridas
encendiendo un diamante en mi cabeza.

Lomas de Chapultepec,
29 de junio de 1975.

Por eso

I

Por eso, porque sólo una sonrisa
fue suficiente. Todos los objetos
temblaron suavemente. Los objetos
que la presencia del amor irisa.

Por eso, porque sólo una sonrisa
destruyó los oscuros amuletos
y entregó, luminosa, los secretos
que el más carnal de lo deseado avisa.

Fue tan azul la circunstancia y tanta
la alegría de lo que no se canta
por otra circunstancia silenciosa,

que se quebraron los horizontales,
cuando aquel lirio se volvió una rosa
entregada a los tiernos vendavales.

II

Por eso este poema, tan abierto,
como la mano en que se da la mano,
es la desnuda tarde de verano
en que la lluvia niega lo más cierto.

Si pudo lo increíble ser tan cierto
y estar de lo más lejos tan cercano,
que por eso, por ser eso está a la mano
el agua incomparable del desierto.

Al abrir las ventanas de este día
cerré los ojos cuando sonreía
la flor de lo que pasa inesperado.

Por eso, cuando el sueño me despierta,
desaparezco de uno y otro lado
y me inclino a esperar que abran la puerta.

Tepoztlán,
4 de mayo de 1976.

Tres sonetos

1

AL RECOGER la hoja deste día,
cuánto he vivido ya, que poco queda...
Todos los sueños y lo que suceda.
Unos ojos con cielo es la porfía.

Atrás, perseguidora polvareda.
Ahora, soledad con fraternía;
un trono de humildad en la vereda
y unas campanas en la lejanía.

Un nuevo amor, a solas, tan celeste,
tan lirio, tan jardín y tan agreste,
prorrumpe entre las ruinas. Y es acaso

la estrella que esperé y el sol amaba.
El árbol que amanece en el ocaso,
pájaros limpios a lo que esperaba.

Tepoztlán, Morelos,
el 31 de julio de 1976.

2

Si me quedo mirándote, las cosas
se vuelven misteriosas. No se sabe
por qué el misterio cabe donde cabe.
Es saber algo ya, cosa de cosas.

Y me pongo a pensar: de azul y rosa
tienes tu vida esbelta y no lo sabes.
La aurora y dos violetas. Cuánto cabes
en la rápida curva de la cosa.

Así es el mundo: cosa para todos.
Cosa de buenos y de malos modos
que desdoblan la cosa de estar vivo.

Nunca sabrás del náufrago que sueña.
Tu libertad de invisible cautivo
está en el Sol que a deslumbrar enseña.

> Tepoztlán, Morelos,
> el 31 de julio de 1976.

3

Esta alegría de mirarte llena
de sombras luminosas cuanto veo.
La luz es tan azul como un gorjeo;
me da en el pecho como herida buena.

Lo que te escribo lo escribo en la arena.
(Esto, que es cierto, además lo deseo.)
Ocultar un tesoro es raro empleo
que de estrellas se cubre lo que llena.

Vuelvo a quemar el solitario incienso
que pisotearon bárbaros hombres.
Sonrío ante el destino y lo que pienso...

Con mirarte mis ojos enriquecen
las soledades y las alegrías
que desde tus miradas se estremecen.

    Tepoztlán, Morelos,
    noche del 31 de julio de 1976.

Un soneto

EL MATERIAL de la noche florea.
Estoy luminosamente escondido.
Tiene el jazmín de Arabia tanto fluido
que así es la perfección que redondea.

Algo que nace, como que aletea.
Un átomo de vida se ha encendido,
y el universo ejerce su tarea.
¿Dónde estará la fuente del olvido?

En el incendio inútil de una rosa
pereció perseguida mariposa.
La noche puso en pie nombres callados.

Todos los sueños estaban despiertos;
y la vida con los ojos cerrados
y la muerte con los ojos abiertos.

Lomas de Chapultepec,
4 de octubre de 1976.

Índice

Advertencia 7

Uno
El campo y yo estábamos ya listos 11
Mañana el campo y tú serán conmigo . . . 12
Si sólo de tus ojos yo tomara 13
Líneas para un retrato y sus consecuencias . . 14
Toda la luz en un instante largo, ... 15
Estoy como una fiesta a la que aún 16
Se fue la tarde llevándose al día 17
Tres poemas y otros 18
Como una espada rota 22
En esta tarde cuando yo te esperaba 24
Pequeña música escondida 26
Una pequeña música escondida 28
Una flor amarilla 30
En este asunto del amor, que a veces, ... 32
Sin darme cuenta, pero sí he llorado 34
Soplo nuevo 36
Mirándote en mis ojos 38
Quiero verte en la sombra para que me ilumines 39
El roce de tus piernas en las mías, ... 41
En una de esas tardes 43
Dicha anónima 45

Cuéntame tu sueño 47
Era tanta la luz, la de tus ojos, ... 48

Dos
Esto soy 53
La tierra está en el mar para Campeche . . 57
Estoy todo lo iguana que se puede 61
Me da miedo hablar de mí mismo . . . 63
La nada es cosa seria 65
Yo nací joven 67
Poema aislado 68
Moviendo las palabras 70
Despertar 71
Sin saber lo demás 72
Sé de mi cuerpo 74
Instante y línea para Alfonso Ruisoto . . . 76
Partir de cero 77
Las montañas se reflejan en el lago . . . 79
Solferinos de medianoche 83
Hondo canto del desierto 86
Poema ("Me percato") 92
Poema ("Saber que uno no sabe") . . . 94
Tlalpujahua 96
Señas para un retrato 99

Tres
Dos sonetos de Junio 105

Unos sonetos a Germán Arciniegas	107
Flor en la luz	114
Mira, Luis, no es por nada, pero hay días	115
Este libro...	116
Soneto fraternal	117
Soneto con una queja y una afirmación	118
Soneto en que se regala lo que uno cree que es mejor	119
Soneto dedicado a Andrés Iduarte	120
Para un foto-poema de Manuel Álvarez Bravo	121
A Héctor Cruz	122
Diciéndole a José Gorostiza	124
Soneto con un Velasco para mi sobrino Juan	127
Sonetos escritos en Atenas	128
A Carlos y a Corina	132
La danza	133

Cuatro

Junio, todo lo flor que nos enlaza	137
Tríptico	138
Pentámera	141
Dualidad nocturna	146
Ni la luz ni la sombra	147
Ansioso todavía	148
Por eso	149
Tres sonetos	151
Un soneto	154

Reincidencias, de Carlos Pellicer, volumen 117 de la colección *Letras Mexicanas*, se terminó de imprimir el día 28 de agosto de 1978, en los talleres de Gráfica Panamericana, S. C. L., Parroquia 911, México 12, D. F. Se tiraron 5 000 ejemplares y en su composición se utilizaron tipos Electra de 11, 10 y 9 puntos. Cuidó la edición *Marcelo Uribe*.

Reincidencias, de Carlos Pellicer, volumen 117 de la colección *Letras Mexicanas*, se terminó de imprimir el día 28 de agosto de 1978, en los talleres de Gráfica Panamericana, S. C. L., Parroquia 911, México 12, D. F. Se tiraron 5 000 ejemplares y en su composición se utilizaron tipos Electra de 11, 10 y 9 puntos.

Cuidó la edición *Marcelo Uribe*.